J. DABERNAT

ARCHITECTE HONORAIRE DU DÉPARTEMENT DE LA SEINE

MEMBRE DU CONSEIL

D'ARCHITECTURE DE LA PRÉFECTURE DE LA SEINE

LE MARCHANDAGE

DANS

LES TRAVAUX D'ARCHITECTURE

« Tout citoyen doit soumission aux arrêts
« comme aux lois. Si les arrêts sont justes et
« les lois bienfaisantes, il ne se borne pas à
« leur obéir ; il les respecte, il les aime, ou plutôt
« il aime et respecte en eux la justice et le
« droit dont ils sont l'expression. Mais s'il juge
«   loi mauvaise et l'arrêt mal rendu, pour-
« quoi les respecterait-il ? Il suffit qu'il les
« observe. La critique raisonnée et la loyale
« discussion ne peuvent jamais passer pour
« une offense ».

ÉDOUARD LAFERRIÈRE,
Procureur général.

PARIS

LIBRAIRIE GÉNÉRALE DE L'ARCHITECTURE ET DES ARTS DÉCORATIFS

ANCIENNE MAISON ANDRÉ, DALY FILS ET Cie

Charles SCHMID

ÉDITEUR

51. — Rue des Écoles. — 51

1903

LE MARCHANDAGE

DANS

LES TRAVAUX D'ARCHITECTURE

IMPRIMERIE
CONTANT-LAGUERRE

LVX·VITAM

BAR LE-DUC

J. DABERNAT

ARCHITECTE HONORAIRE DU DÉPARTEMENT DE LA SEINE
MEMBRE DU CONSEIL
D'ARCHITECTURE DE LA PRÉFECTURE DE LA SEINE

~~~~~~~~~~~~

LE MARCHANDAGE

DANS

LES TRAVAUX D'ARCHITECTURE

> « Tout citoyen doit soumission aux arrêts
> « comme aux lois. Si les arrêts sont justes et
> « les lois bienfaisantes, il ne se borne pas à
> « leur obéir : il les respecte, il les aime, ou plutôt
> « il aime et respecte en eux la justice et le
> « droit dont ils sont l'expression. Mais s'il juge
> « la loi mauvaise et l'arrêt mal rendu, pour-
> « quoi les respecterait-il ? Il suffit qu'il les
> « observe. La critique raisonnée et la loyale
> « discussion ne peuvent jamais passer pour
> « une offense ».
>
> ÉDOUARD LAFERRIÈRE,
> *Procureur général.*

———◇◇◇◆◆◇◇◇———

PARIS

LIBRAIRIE GÉNÉRALE DE L'ARCHITECTURE ET DES ARTS DÉCORATIFS

Ancienne Maison ANDRÉ, DALY Fils et Cie

Charles SCHMID

ÉDITEUR

51. — Rue des Écoles. — 51

—

1903

PRÉFACE

Cette expression de *Marchandage*, de vulgaire conson-
nance et d'allure mercantile, n'éveille tout d'abord que des
idées de banales transactions et ne semble pas de nature à
engendrer de bien graves différends, encore moins de conflits
dangereux.

Et pourtant, elle revient par intermittence assez fréquemment depuis près de soixante ans, du moins en a-t-on noté
plus fidèlement l'écho durant cette période, comme une
plainte, parfois comme une menace, toujours caractérisant la
même action, *un travail entrepris par un ouvrier qui le fait
exécuter par d'autres ouvriers.*

Si l'on circonscrit l'observation du fait dans la sphère des
travaux d'architecture, on peut trouver la trace du *Marchandage,* ou du moins de l'acte que nous désignons aujourd'hui
de ce nom, dès le XIIIe siècle, ce qui n'exclut pas la possibilité d'une plus lointaine origine.

La question du *Marchandage* est donc très ancienne.
Portée devant de nombreuses juridictions, elle a donné lieu
à autant de jugements d'espèces. Sans cesse renaissante,

a

elle fut envisagée dans un ordre d'idées plus général par le
Gouvernement provisoire de 1848, lequel rendit des décrets
sur la matière. Mais l'application de ces décrets soulevant
de fréquentes difficultés, l'on chercha dans leur interprétation une atténuation à leur sens littéral.

Dès lors, et contrairement à l'attente des commentateurs,
surgirent d'interminables procès durant un demi-siècle.
Enfin, récemment, le 31 janvier 1901, la Cour de cassation,
en audience solennelle, toutes chambres réunies, rendit un
arrêt fixant la jurisprudence.

Étant entendu que tous les litiges devront se rendre en
conformité de cette jurisprudence, y a-t-il lieu de rouvrir le
débat? La question du *Marchandage* peut-elle quand même
être examinée à nouveau?

Je le pense.

Je crois que la solution de cette question, non plus res-
treinte au domaine juridique, doit être donnée par le pouvoir
législatif.

L'arrêt de la Cour de cassation est basé, non sur un texte,
mais sur l'interprétation d'un texte. Il est donc possible, il
est légitime d'en appeler des hommes de 1848 qui ont rédigé
ce texte et dont on ne peut que présumer la pensée aux
hommes du temps présent; de demander aux législateurs de
fixer dans une loi un texte qui ne supporte aucune interprétation et dont le sens littéral, aussi bien que l'esprit, soit
clair, précis et complet.

C'est dans cette disposition d'esprit que je reprends l'étude
de la question du *Marchandage*.

J'ai divisé cette étude en deux parties.

Dans la première sont relatés : un ensemble de faits liti-
gieux formant l'espèce à examiner; le jugement de ces faits;
les appels de ce jugement devant les diverses cours de renvoi;
les pourvois en cassation; la discussion dans laquelle M. le
Procureur général Laferrière, après avoir exposé les faits
et en avoir apprécié le caractère selon les doctrines en présence, après avoir commenté les décrets de 1848, formule
ses conclusions; enfin, l'arrêt rendu sur ces conclusions.

La seconde partie comprend : une définition des termes
techniques employés dans la discussion de la question du
Marchandage; un exposé des diverses combinaisons du travail en usage dans les chantiers d'architecture et réglées suivant des pratiques constituant des actes de *marchandage;*
un exposé de ces mêmes combinaisons réglées dans des conditions exclusives de tout acte de *marchandage;* une étude
sur le principe de la division du travail et sur l'hypothèse
d'une relation de cause à effet présentée comme existant
entre ce principe et le *Marchandage;* mes conclusions sur la
caractéristique du *Marchandage,* et enfin un vœu formulé.

ÉTUDE

SUR

LE MARCHANDAGE

DANS

LES TRAVAUX D'ARCHITECTURE

PREMIÈRE PARTIE

La Cour de cassation, toutes chambres réunies, dans l'audience solennelle du 31 janvier 1901, a tranché l'importante question de savoir si *le Marchandage*, en soi, est un délit.

La question *du Marchandage* a été remise à l'ordre du jour par un procès qui depuis 1896 a été porté successivement devant le Conseil des prud'hommes, le Tribunal de commerce, le Tribunal correctionnel, les cours de Paris, d'Orléans et de Bourges, et qui vient pour la troisième fois devant la Cour de cassation.

Voici les faits [1] :

En juin 1896, M. Loup, entrepreneur de maçonnerie, traita avec M. Martin, tâcheron de profession, pour le rava-

---

[1] Extraits d'une note sur la législation et la jurisprudence relative au « Marchandage », rédigée pour la Chambre syndicale des fabricants et des constructeurs de matériel pour chemins de fer et tramways par M. Max Botton, docteur en droit, avocat à la cour de Paris.

D.   1

lement d'une maison rue de Lisbonne, moyennant le prix de 9.500 francs. M. Loup devait fournir les échafaudages et payer des acomptes tous les samedis. M. Martin engagea des tailleurs de pierre à raison de 1 fr. 20 par heure. Le 3 octobre, les travaux n'étaient pas terminés; M. Loup, qui avait déjà versé 11.500 francs, refusa de faire de nouvelles avances, à moins que le tâcheron ne consentît à un règlement ultérieur. M. Martin abandonna le chantier; le travail fut achevé par d'autres ouvriers aux frais de l'entrepreneur.

Conseil des prud'hommes. Cependant plusieurs des tailleurs de pierre employés par M. Martin, se prétendant créanciers d'une somme de 2.910 francs, assignèrent à la fois le tâcheron et l'entrepreneur devant le Conseil des prud'hommes. M. Loup ne comparut pas et fut condamné par défaut comme civilement

Appel
Tribunal de
commerce. responsable du sous-traitant. Il interjeta appel devant le Tribunal de commerce qui, conformément à une jurisprudence constante, le déchargea de toute responsabilité, et, après rapport d'arbitre déclarant que le prix du travail avait été rémunérateur, condamna M. Martin à lui rem-

Poursuites pour
délit de
« Marchandage» bourser la somme de 1.150 francs. C'est alors que dix-sept ouvriers poursuivirent MM. Loup et Martin comme coupables du délit de « marchandage ». Ils alléguaient que, par une adroite combinaison, M. Loup avait tenté de se soustraire à la juridiction du Conseil des prud'hommes, en faisant exécuter des travaux à vil prix sous le couvert d'un tâcheron insolvable.

1er jugement.
Tribunal
correctionnel de
la Seine. Par jugement du 9 avril 1897, le Tribunal de la Seine déclara que :

Que le décret du 2 mars et l'arrêté du 21 mars 1848 sont toujours en vigueur, mais qu'il fallait rechercher dans quelles limites le contrat du travail dit Marchandage est prohibé par le législateur; que, en employant les mots : Exploitation de l'ouvrier par voie de marchandage, les auteurs du décret de 1848 ont eu en vue de prohiber le trafic déloyal qui peut se produire dans le marchandage, d'atteindre et de punir la collusion entre l'entrepreneur et le sous-traitant, ou tout acte dolosif de l'un ou de l'autre dont le but serait d'entraîner une réduction exagérée du prix du travail et d'exposer les ouvriers aux dangers de l'infidélité ou de l'insolvabilité du marchandeur dans le règlement de leur paie ; que, cependant, la loi ne condamne pas *ipso facto* le contrat de marchandage loyal, fait de bonne foi, qui permet à l'ouvrier de s'élever à une situation supérieure ; que de nombreux arrêts de la Cour de cassation rendus depuis 1848 reconnaissent la légitimité de l'entreprise à forfait, par des sous-traitants, de travaux exécutés par des ouvriers qu'ils ont embauchés ; que si l'article 2 du décret du 2 mars 1848 vise seulement l'exploitation des ouvriers par des sous-entrepreneurs, l'arrêté du 21 mars qui le sanctionne punit d'une amende toute exploitation de l'ouvrier, par voie de marchandage, sans spécifier quelles sont les circonstances de fait qui constituent l'exploitation prohibée par le texte ; que, s'il est possible de soutenir, en s'attachant au premier décret, que la répression ne peut atteindre que les sous-entrepreneurs ouvriers dits marchandeurs, sans s'étendre aux entrepreneurs avec lesquels ils ont traité et malgré les actes d'exploitation qui pourraient leur être reprochés, les entrepreneurs pourraient encore être retenus comme complices des sous-entrepreneurs par application des principes généraux des articles 59 et 63, C. pénal, mais que, sans recourir à ces articles, l'arrêté du 21 mars doit être entendu dans un sens large et englober tous ceux qui, à un titre quelconque, ont fait acte d'exploitation de l'ouvrier par voie de marchandage, aussi bien les marchandeurs que les entrepreneurs.

En conséquence, le Tribunal n'ayant pas les éléments suffisants d'appréciation chargeait un expert de rechercher :

Si Loup, entrepreneur général, a pu de bonne foi imposer à forfait l'exécution des travaux de ravalement de la rue de Lisbonne pour 9.500 francs ; si Martin, le tâcheron, a pu, sans exposer les ouvriers qu'il embauchait à des salaires avilis ou forcément impayés, soumissionner dans d'aussi mauvaises conditions ; si le taux des salaires a été moyen ; s'il est encore réellement dû des salaires aux ouvriers ; si le marché a été connu des ouvriers et à quel moment ; si Loup est intervenu dans l'embauchage ; dans quelle limite il a usé de son influence et de son crédit pour attirer les ouvriers et les retenir quand Martin n'a plus payé ; si le tâcheron a été dupé comme les ouvriers eux-mêmes ou si c'est le tâcheron qui a dupé les entrepreneurs et les ouvriers.

Appel. Arrêt.
Cour de Paris.

Sur l'appel interjeté par M. Loup, la cour d'appel de Paris a maintenu l'expertise en adoptant les motifs des premiers juges, sur le défaut d'abrogation et l'interprétation du décret du 2 mars et de l'arrêté du 21 mars 1848 ainsi que sur l'applicabilité de ces textes à l'entrepreneur.

Sur ces derniers points, l'arrêt ajoute les motifs suivants :

Considérant qu'en effet la loi n'a pas eu pour but de protéger les ouvriers contre les entrepreneurs avec lesquels ils sont en rapport direct et qui offrent des garanties plus grandes que les tâcherons; que la pensée du législateur de 1848 a été de les défendre contre l'abus résultant soit de la mauvaise foi du tâcheron seul, soit de la collusion de l'entrepreneur et du tâcheron qui s'entendraient pour substituer la responsabilité fictive d'un intermédiaire insolvable à la responsabilité réelle de l'entrepreneur qui bénéficierait en tout ou en partie de la main-d'œuvre, sans la rémunérer.

M. Loup s'est pourvu en cassation.

Pourvoi en
cassation.

Par arrêt du 4 février 1898, la Cour de cassation a rejeté un premier moyen invoqué par M. Loup. Elle a reconnu que les décret et arrêté de mars 1848 n'avaient été abrogés soit expressément soit implicitement par aucun texte de loi. Mais elle a

Cassation.

cassé l'arrêt de la cour de Paris sur un second moyen..... La Cour de cassation a décidé :

..... Que tout en étant de droit étroit en matière pénale, la cour d'appel avait eu le tort de retenir l'entrepreneur dans la poursuite comme coauteur ou auteur principal du délit.

Arrêt.
Cour d'Orléans.

La cour d'Orléans désignée comme Cour de renvoi avait, dans un premier arrêt par défaut rendu le 5 juillet 1898, adopté les principes posés par la Cour de cassation. Elle avait en conséquence maintenu l'expertise.

Sur opposition de M. Loup, par un second arrêt du 11 juillet 1899, elle a proclamé les mêmes principes; toutefois elle a déclaré :

Définition du
marchandage.

Que le marchandage consiste dans la convention passée entre un tâcheron ouvrier et des ouvriers qu'il emploie et qu'il paie à l'heure ou à la journée pour l'exécution des travaux de sous-entreprise, qu'il n'y a pas d'autre marchandage défendu par le législateur; que le décret de 1848 est clair et précis; que par une disposition qui n'est pas sujette à interprétation il abolit le marchandage tel qu'il vient d'être défini ci-dessus.

Interprétation des décret et arrêté de 1848.

Partant de ce principe que la sous-entreprise exécutée à l'heure ou à la journée est dans tous les cas un délit, la cour d'Orléans ajoutait :

Dit que le décret du 2 mars 1848 prohibe tout marchandage sans distinction et s'applique au marché pur et simple passé par le sous-entrepreneur ouvrier avec des ouvriers employés et payés par lui à l'heure ou à la journée. Dit que Loup s'est rendu complice..... du délit de marchandage imputé à Martin..... En conséquence..... Vu..... Condamne le sieur Loup à la peine de 50 francs d'amende.

Condamnation.

La Cour de cassation, saisie d'un nouveau pourvoi, a reconnu que, l'arrêt de la cour d'Orléans n'étant pas attaqué par les mêmes moyens que le précédent arrêt de la cour de Paris, il n'y avait pas lieu à renvoi devant les chambres réunies.

2ᵉ pourvoi en cassation.

Puis affirmant de nouveau :

Que le délit de marchandage ne saurait être classé dans la catégorie des délits dits contraventionnels,

reproduisant les termes de son arrêt du 4 février 1898 et soulignant que :

Le décret du 2 mars 1848 définit le délit de marchandage : l'exploitation des ouvriers par les sous-entrepreneurs,

elle a cassé l'arrêt de la cour d'Orléans.

L'affaire est alors venue devant la cour de Bourges qui, par arrêt du 20 juin 1900, a reconnu que l'entrepreneur ne pouvait être considéré comme auteur principal ou coauteur du délit, mais, accentuant la thèse de la cour d'Orléans, elle a déclaré que le seul fait de céder à un tâcheron ouvrier la sous-entreprise de travaux, sachant que celui-ci emploierait

Arrêt. Cour de Bourges.

des ouvriers à l'heure ou à la journée constituait le fait de complicité délictueuse.

Interprétation
des décret et
arrêté de 1848.
Caractéristique
du
« Marchandage »

La cour de Bourges pose en principe :

Qu'il résulte des circonstances dans lesquelles ont été rendus les décret et arrêté des 2 et 21 mars 1848 que le marchandage, exercé par un sous-entrepreneur tâcheron faisant travailler d'autres ouvriers à l'heure ou à la journée, doit être considéré en lui-même comme une exploitation répréhensible;..... qu'en décrétant l'abolition de l'exploitation des ouvriers par des sous-entrepreneurs ou marchandage, c'est bien le marchandage en lui-même, considéré comme un des modes de ce qu'on appelait dans le langage du temps « l'exploitation de l'homme par l'homme », que le Gouvernement provisoire a voulu supprimer et non pas seulement un abus caractérisé par un *acte frauduleux aboutissant au profit abusif que le tâcheron tire du travail de l'ouvrier*, dont il n'a pas été question.

L'arrêt invoque les circonstances et les préliminaires de la loi, l'expression « le marchandage est aboli » (on n'abolirait pas un abus), les opinions formulées à la tribune de l'Assemblée nationale, et il conclut :

Attendu, que l'interprétation consistant à considérer le marchandage prohibé, alors seulement qu'il y a abus et profit excessif du tâcheron, livrerait à l'arbitraire la question de savoir quand commence l'exploitation des ouvriers et le profit déloyal et excessif du marchandeur, que non seulement les textes n'ont pas défini mais sur lesquels ils sont entièrement muets; qu'elle nécessiterait en outre dans chaque affaire des vérifications aussi dispendieuses que délicates ;

Appréciation du
caractère
délictueux du
« Marchandage »

Attendu que le marchandage du tâcheron sous-entrepreneur ouvrier employant des ouvriers à l'heure ou à la journée est en lui-même prévu et puni, et qu'il rentre en conséquence par la nature de l'infraction dans la classe des délits intentionnels, réprimés, abstraction faite de leur moralité, dont, sans parler des lois spéciales, on trouve des exemples dans les articles 292, 410 et 411 du Code pénal, (associations, tenue de maisons de jeu, de loterie, de prêts sur gages); que l'intention requise en l'espèce pour constituer le délit résulte suffisamment de l'accomplissement volontaire d'un acte que la loi considère en lui-même comme injuste, vexatoire et contraire au principe de la fraternité.

Par ces motifs, M. Loup a été condamné à 50 francs d'amende avec bénéfice de la loi de sursis, à 200 francs de dommages-intérêts et en tous les dépens faits devant le tribunal de la Seine et les trois cours d'appel. Condamnation.

Un troisième pourvoi a été formé contre ce dernier arrêt; il a été renvoyé par la chambre criminelle à l'examen des chambres réunies. 3e pourvoi en cassation.

AUDIENCE SOLENNELLE DU 31 JANVIER 1901

M. le Conseiller Cotelle a présenté dans cette affaire son rapport. Puis, après la plaidoirie de Mᵉ Devin, qui a soutenu le pourvoi, M. le Procureur général Laferrière a donné ses conclusions et la Cour suprême a rendu son arrêt.

La nouvelle cour d'appel devant laquelle sera renvoyée l'affaire devra cette fois se conformer à la jurisprudence de la chambre criminelle que cet arrêt vient de consacrer solennellement.

Les conclusions de M. le Procureur général Laferrière prennent dès lors l'importance qui s'attache à une autorité indiscutée [1].

M. le Procureur général Laferrière, prenant la question dans les termes où elle s'est posée devant le Gouvernement provisoire de 1848, analyse les débats auxquels elle a donné lieu à l'Assemblée nationale, les commentaires dont elle a été l'objet, les décisions des diverses juridictions où, après un long sommeil, elle s'est retrouvée en litige, à partir de 1896, et, après des considérations très étendues, conclut à la cassation du troisième arrêt rendu (*Cour de Bourges, 20 juin 1900*).

[1] Le rapport, les conclusions et l'arrêt ont été publiés les 8 et 9 février 1901 dans la *Gazette des Tribunaux* où se trouvent également relatées les dates des publications des décisions rendues antérieurement dans la même affaire.

Le compte rendu suivant résume les opinions de M. le Procureur général sur les doctrines, discussions, commentaires et décisions.

Messieurs,

L'intérêt de la question qui vous est soumise, tant au point de vue juridique qu'au point de vue de ces questions ouvrières qui préoccupent notre époque, est suffisamment attesté par le nombre et la diversité des décisions auxquelles les décrets de 1848 ont donné lieu depuis quatre ans.

Ils avaient longtemps sommeillé, mais dès que la question a été soulevée elle a donné lieu à des débats animés et persistants, et il a été rendu dans cette affaire cinq arrêts : trois arrêts de cour d'appel (Paris, Orléans, Bourges) et deux arrêts de votre chambre criminelle ; on peut mentionner en outre deux interpellations devant les Chambres et d'importantes délibérations du Conseil supérieur du travail.

Deux doctrines nettement opposées sont en présence.

D'après une première doctrine, le *marchandage*, c'est-à-dire le fait d'un tâcheron qui prend en charge une partie d'entreprise pour la faire exécuter par des ouvriers placés directement sous ses ordres, n'est pas, par lui-même, un délit ; il ne le devient que s'il a été un moyen d'exploiter l'ouvrier, d'abuser de lui, d'en retirer des profits illégitimes par des procédés condamnables.

Cette doctrine, Messieurs, est celle de votre chambre criminelle. Elle s'est d'abord affirmée par l'arrêt du 4 février 1898, au rapport de M. le Conseiller Pourlier et sur les conclusions de M. l'Avocat général Puech où nous lisons :

L'exploitation de l'ouvrier par le sous-entrepreneur ouvrier comporte de sa nature, au sens des décret et arrêté de mars 1848, l'appréciation d'un acte frauduleux aboutissant au profit abusif que le tâcheron tire de l'ouvrier.

Nous lisons encore, dans votre arrêt du 16 février 1900, au rapport de M. le Conseiller Pourlier et sur les conclusions de M. l'Avocat général Feuilloley :

Le décret du 2 mars 1848 définit le délit de marchandage, l'exploitation des ouvriers par les sous-entrepreneurs. Cette exploitation de l'ouvrier par le sous-entrepreneur ouvrier comporte, par sa nature, l'appréciation d'un acte frauduleux aboutissant au profit abusif que le tâcheron tire de l'ouvrier.

D'après une autre doctrine, le marchandage est un délit par cela seul qu'il y a contrat de sous-entreprise ; le tâcheron est un délinquant, par cela seul qu'il est tâcheron, sans qu'il soit besoin de rechercher s'il a ou non exploité les ouvriers et si les conditions qu'il a faites avec eux leur ont été plus ou moins favorables.

Cette seconde doctrine a été successivement énoncée dans les arrêts des deux cours de renvoi : la cour d'Orléans et la cour de Bourges (voir ci-dessus).

Ces deux doctrines se sont trouvées en présence au mois de décembre 1898 devant le Conseil supérieur du travail..... Et dans cette assemblée où la démocratie ouvrière est représentée non moins que le patronat et la science économique, des résolutions ont été votées portant :

Qu'il n'y a pas lieu de modifier la législation actuelle sur le marchandage, mais de s'en tenir au décret du 2 mars 1848, tel qu'il est interprété par la Cour de cassation.

De ces documents on peut conclure deux choses : la première, c'est que la doctrine de notre chambre criminelle est bonne au point de vue économique et social ; qu'elle concilie d'une manière heureuse et prudente la liberté du travail et la protection due aux ouvriers; on peut conclure aussi que cette doctrine est susceptible de controverse au point de vue juridique, puisque les deux cours de renvoi ont refusé de s'y conformer.

Reprenons donc l'examen de la question et reprenons-le tout entier, aussi bien sur le point de savoir si les décrets sont encore en vigueur que sur l'interprétation même de ces décrets.

La question de savoir si les décrets de 1848 sont encore en vigueur a été débattue dans toutes les phases antérieures du débat ;... Dans ces précédents débats on a d'abord invoqué comme cause d'abrogation des décrets, la désuétude. Nous ne nous y arrêterons pas, car notre droit n'admet pas l'abrogation par désuétude.

Les décrets de 1848 ne peuvent être abrogés par désuétude

En dehors de cette question de désuétude, on s'est demandé si les décrets de 1848 n'avaient pas cessé d'être en vigueur, soit parce que dans la pensée de leurs auteurs ils n'auraient été que des lois de circonstance et d'actualité politique, soit parce qu'ils se seraient trouvés en opposition avec des décisions constitutionnelles votées par cette assemblée.

Après avoir cité des avis de M. Féraud-Giraud, magistrat, de M. Paschal Grousset, de M. Pascal Duprat, députés, après avoir reproduit des fragments de discussion à l'Assemblée nationale, avis et discussion d'où il semble ressortir une opi-

nion favorable à l'abrogation des décrets comme se trouvant
en opposition avec l'article 18 de la Constitution de 1848 qui
porte :

La Constitution garantit aux citoyens la liberté du travail et de
l'industrie.

M. le Procureur général Laferrière s'exprime ainsi :

Voilà pourquoi à nos yeux, entre la question constitutionnelle et
l'interprétation au fond des décrets de mars 1848, il y a un lien abso-
lument étroit, et cela nous amène à aborder sans plus tarder l'interprétation même de ces décrets.

Interprétation
des décrets de
mars 1848.

Examinons donc les textes à appliquer, le décret du 2 mars et l'arrêté du 21 mars 1848.

L'arrêté du 21 mars doit être examiné le premier, car c'est lui qui
est en discussion dans notre affaire, et le décret du 2 mars ne peut
être invoqué que comme commentaire. Dans cet arrêté du 21 mars,
nous lisons que « toute exploitation de l'ouvrier par voie de marchandage sera punie » ; dans le préambule du même arrêté, on rappelle
que le décret du 2 mars supprime l'exploitation de l'ouvrier par voie
de marchandage.

Quel est donc d'après la simple lecture du texte, d'après le sens
naturel des mots, le fait prohibé, le fait puni?

C'est « *l'exploitation de l'ouvrier* ».

Le marchandage, c'est le moyen de commettre cet acte délictueux.

Cette exploitation illicite, est-ce simplement l'embauchage de l'ouvrier, l'usage de son travail? Est-ce qu'on dit « exploiter un homme »
comme on dit « exploiter une ferme, une usine »? Non, Messieurs, nous
parlons français et nous devons supposer que le législateur parle la
même langue. Lorsqu'on dit : « exploiter un homme », cela veut dire :
« abuser de lui ». A quoi donc nous servirait de professer cette maxime
que les lois pénales sont de droit étroit, qu'elles ne sauraient être
appliquées par extension et par analogie, si nous devons immédiatement aller contre cette maxime en disant que l'exploitation d'un
homme se confond avec l'usage pur et simple qu'on fait de son travail? A quoi nous servirait de posséder la langue la plus claire, la
plus franche, la plus loyale qui soit au monde si, dans un texte
pénal, il fallait le torturer pour l'adapter de force à la phraséologie
d'écoles particulières?

Assurément, la langue juridique ne doit pas être une langue
fermée; elle doit admettre des expressions techniques et même des

néologismes quand la matière l'exige; mais lorsqu'on n'a pas sous les yeux une expression technique ou nouvelle, mais un des vieux mots de la langue française, l'interprète n'a-t-il pas le devoir de le prendre dans son sens véritable? A cela on objecte que nous sommes en présence d'une expression technique, d'un « langage du temps », dit la cour de Bourges. Exploitation de l'ouvrier voulait dire, en 1848, une forme de l'exploitation de l'homme par l'homme.

Dans le décret on lit : « L'exploitation des ouvriers par des sous-entrepreneurs ou marchandeurs est abolie », et, dans ses considérants : « Les sous-entrepreneurs dits marchandeurs ». C'est, donc, la même chose; il y a équivalence de termes; tout tâcheron est nécessairement « exploiteur », tout marchandage est nécessairement « oppressif », ainsi que le dit le procès-verbal de la commission.

Tel est l'argument, c'est la présomption légale sans possibilité de preuve contraire, que tout ouvrier tâcheron qui, ayant traité avec un entrepreneur, traite avec ses camarades, est pour ceux-ci un « oppresseur ».

Comment est-ce possible?

D'où vient pour l'ouvrier cette suspicion, cet ostracisme qui ne s'applique pas au patron, car si c'est un patron, si, c'est un maître qui veut prendre la sous-entreprise, il n'y a pas de présomption contre lui, on ne voit plus en lui un exploiteur.

Nous disons, Messieurs, que ces assertions sont graves.

. . . .

La plupart de ceux qui soutiennent la thèse de la prohibition absolue reposant sur une présomption légale d'exploitation, d'oppression, disent que nécessairement le tâcheron avilit le salaire et qu'il condamne l'ouvrier à travailler à prix réduit en réalisant sur lui un bénéfice illicite. C'est ce que disait Louis Blanc..... quand il parlait de salaires « abaissés jusqu'au niveau marqué par la faim »; Pierre Leroux (30 août 1848, Assemblée nationale) : « Celui qui, sans travail aucun, sans rien apporter dans l'œuvre de la production, abuse de l'ignorance de l'ouvrier pour prélever une partie de son salaire, blesse non seulement la fraternité, mais l'honnêteté.

Louis Blanc.

Pierre Leroux.

L'honorable M. Paschal Grousset définit le marchandage l'exploitation du travailleur manuel par des sous-entrepreneurs qui traitent à forfait et imposent ensuite aux ouvriers des salaires réduits.

Paschal Grousset.

Voilà donc la base de la présomption légale de l'exploitation de l'ouvrier.

Mais à l'encontre de ces témoignages, il s'en produit d'autres non moins catégoriques, et, au sein même du Conseil supérieur du travail, nous voyons une autorité considérable au point de vue des

**Conseil
supérieur du
travail.
Directeur des
routes et de la
navigation.
Opinion :
Le marchandage
peut dans
certains cas
élever les
salaires.

Conseil
supérieur du
travail :
M. Keufer.**

travaux auxquels elle préside, le directeur des routes et de la navigation qui s'exprime ainsi :

« Le marchandage abaisse-t-il nécessairement le taux du salaire? J'estime que l'on commet une erreur quand on affirme que le marchandage abaisse nécessairement le prix de la main-d'œuvre; c'est une erreur semblable à celle qui consiste à dire que les gros rabais abaissent nécessairement le taux du salaire des ouvriers. J'estime que le marchandage n'abaisse pas le prix du salaire et que même, dans certains cas, il peut l'élever ».

Ce fait est reconnu aussi par M. Keufer, un des représentants les plus autorisés de la classe ouvrière au Conseil supérieur du travail : « On a prétendu qu'avec le marchandage la journée de l'ouvrier était quelquefois payée à un prix plus élevé que le travail ordinaire; ce n'est pas l'unité, la pièce qui est payée davantage, c'est la quantité de travail produit. Les ouvriers les plus énergiques, les plus vigoureux, peuvent obtenir avec le système du marchandage des gains supérieurs, mais il en résulte une répercussion fâcheuse pour les autres ouvriers de la corporation ».

Nous lisons encore dans une monographie récente publiée par M. Brodu qu'il est reconnu généralement par les hommes qui s'occupent de travaux que le marchandage fait hausser le prix du salaire de l'ouvrier employé.

M. Brodu.

Le marchandage, dit cet auteur, est avantageux pour l'ouvrier tâcheron, parce que le tâcheron donne à son ouvrier un salaire plus élevé que l'entrepreneur. C'est ainsi que des ouvriers maçons qui, travaillant avec l'entrepreneur, gagnent 0 fr. 75 l'heure peuvent gagner avec le tâcheron 0 fr. 85 et même 0 fr. 95 centimes... .... L'ouvrier plombier, à qui l'entrepreneur donne un salaire de 7 fr. 50 par jour, peut obtenir 8 fr. 50 et plus chez un marchandeur; l'ouvrier menuisier peut gagner 0 fr. 80, au lieu de 0 fr. 70.

Eh bien! que devient la présomption légale *juris* et *de jure* d'avilissement de salaire et de ruine de l'ouvrier par le marchandage puisqu'en fait, et avec l'évidence et la bonne foi de pareils témoignages, il y a des salaires de sous-entreprise qui sont, non seulement égaux, mais supérieurs à ceux de l'entreprise et au salaire normal?

Que devient aussi cet argument d'une des cours de renvoi déclarant qu'il est impossible de vérifier si le salaire est normal, lorsqu'on lit le décret du 10 août 1899 qui, précisément pour tous les travaux de l'État, des départements, des communes et des établissements publics, s'en réfère au salaire normal et dit qu'il sera la base des conventions entre l'entrepreneur et ses ouvriers?

D'après ce décret, l'entrepreneur est obligé de payer aux ouvriers un salaire normal égal pour chaque profession et, dans chaque profession, pour chaque catégorie d'ouvriers au taux couramment appliqué dans la ville ou dans la région où le travail est exécuté.

Et l'article 3 du même décret indique à quelle autorité compétente on pourra s'adresser pour faire ces vérifications. Pourquoi donc l'examen de ces questions de salaires serait-il interdit aux tribunaux?

Soit, dit-on, les salaires sont normaux, mais on ne les paiera pas. Peut-on soutenir que c'est là une présomption absolue? D'ailleurs si l'ouvrier n'est pas payé, il peut y avoir exploitation et la jurisprudence de votre chambre criminelle réserve parfaitement l'appréciation de ce fait; s'il y a fraude, le tâcheron pourra être puni et l'entrepreneur également s'il est complice.

Enfin, on prétend que si la présomption légale d'exploitation de l'ouvrier ne s'appuie pas sur l'insuffisance du salaire ou sur son non-paiement, elle devra s'appuyer sur quelque chose de pis encore, sur l'abus des forces de l'homme, sur un surmenage sans merci; on dit qu'il y aura ce que les Anglais appellent le « *Sweting system* », le « *Système de la sueur* » qui abrégera les jours de l'ouvrier. Nous n'exagérons rien, car voici en quels termes cette objection était formulée au sein du Conseil supérieur par l'un des honorables membres de la minorité.

Conseil supérieur du travail. Objection : Quand le marchandage élève les salaires, il produit le surmenage.

Le tâcheron est tout le temps sur le dos de l'ouvrier, lui laissant à peine le temps de respirer; à la fin de la journée l'homme est complètement fourbu. A ce régime, l'ouvrier le plus solide, à cinquante ans est usé comme un vieillard; ce surmenage effréné imposé à l'ouvrier par le tâcheron n'est-il pas coupable?

Oui, certes, il serait coupable, et, si des faits semblables se présentaient, ce serait à bon droit que la juridiction répressive, après les avoir vérifiés, pourrait les retenir comme abusifs et délictueux. Mais sont-ils si fréquents? sont-ils si généraux? Nous en serions bien surpris, et il serait difficile de comprendre que les chantiers des tâcherons ne fussent pas depuis longtemps désertés, si un surmenage effréné en était le régime habituel.

Ainsi la prétendue présomption légale fait défaut comme le texte lui-même. Pour être juste, il faut en outre reconnaître que si des inconvénients sont possibles dans le marchandage, des avantages le sont aussi, avantages pour l'ouvrier qui, en acceptant un travail qui sera peut-être plus sévère, qui exigera des efforts plus soutenus, touchera un salaire plus élevé; avantage pour le tâcheron qui, avec de l'ordre, de la conduite et de l'expérience personnelle, arrivera, grâce à cette situation intermédiaire, à devenir lui-même un entrepreneur.

Conseil
supérieur du
travail
M. Goy
président de
la commission
permanente.

Et, permettez-nous de mettre ici sous vos yeux cette déclaration de l'honorable M. Goy, président de la Commission permanente du Conseil supérieur du travail :

« Plus de la moitié des patrons actuels ont commencé par être ouvriers ; comment ont-ils eu accès au patronat ? Au moyen de cette situation intermédiaire du tâcheron. Si vous supprimez les sous-entreprises de main-d'œuvre ou si vous arrivez à les rendre plus difficiles ou impossibles, vous supprimerez les tâcherons et en même temps l'échelon nécessaire à l'ouvrier pour son accession au patronat. Dans ces conditions, je vous conjure de ne pas prendre une résolution qui irait contre vos propres désirs. Vous voulez améliorer le sort de l'ouvrier, vous atteindrez ce but qui doit être votre idéal en lui permettant par son travail, par ses efforts, sa persévérance, d'arriver au patronat. »

Conseil
supérieur
du travail.
Opinion
formulée par des
représen'ants
des ouvriers.

Ce sont là des déclarations généreuses, et, si une chose surprend, c'est que, dans certains milieux, elles soient froidement et dédaigneusement accueillies. Des représentants des ouvriers dans cette même séance du Conseil supérieur répondaient à l'honorable rapporteur :

« On a dit que le marchandage permettait à l'ouvrier l'accès du patronat, je ne vois pas là, je l'avoue, un motif d'admirer le marchandage. Dans les professions où un grand nombre d'ouvriers ont accès au patronat, nous n'avons pas à nous féliciter ; il y a là, en effet, une concurrence redoutable dont nous souffrons beaucoup au point de vue des salaires..... On a dit que c'était un échelon pour arriver au patronat ; c'est possible ; mais nous disons, nous, que c'est en même temps une exploitation contre nous ».

Eh bien ! Messieurs d'où vient ce dédain, ce mauvais vouloir à l'égard des ouvriers qui veulent travailler comme tâcherons et arriver plus tard au patronat ? D'où vient cette indifférence pour cet acte d'émancipation ? Il vient de ce qu'il y a en France des écoles différentes et de ce que l'une d'elles pense que l'ouvrier, que la classe ouvrière tout entière doit arriver à des destinées meilleures, non par des efforts individuels, mais en masse ; non seulement par la coopération, qui est si digne d'être encouragée, mais par la suppression du patronat et par ce qu'on appelle la socialisation des instruments du travail.

Nous n'avons pas à instituer ici de controverses sur les questions sociales, mais nous ne sortirons pas du domaine juridique en disant que de ces doctrines une seule est en harmonie avec les principes et les lois écrites sur lesquels repose notre démocratie. D'après ces principes, le travail est libre, les contrats sont libres, lorsqu'ils n'offen-

sent pas la morale et l'ordre public; les citoyens, quelque humble
que soit leur condition, sont libres d'aspirer à une situation meilleure
en tirant de leurs facultés tout ce qui peut leur permettre de gravir
l'échelle sociale; ces mêmes principes ne permettent pas que, par
des théories plus ou moins hasardeuses, on puisse retenir systématiquement dans le rang, soit par la contrainte, soit par la prohibition calculée, ceux qui aspirent à en sortir. A chacun selon ses œuvres; à chacun selon ses facultés dont le libre usage est assuré par les
règles fondamentales de notre droit public.

Nous craignons, Messieurs, que ces principes directeurs, à la lumière desquels les interprétations qui paraîtraient douteuses devraient
cesser de l'être n'aient été méconnus par les cours de renvoi. Nous
sommes assurés qu'ils ne vous échapperont pas, et que s'il y avait
encore dans vos esprits quelques doutes sur l'exégèse des textes que
nous venons de discuter, ils seraient dissipés par le rappel de ces
principes.

Nous concluons en conséquence à la cassation de l'arrêt de la
cour de Bourges.

Conclusions de
M. le procureur
général à la
cassation de
l'arrêt de la
cour de Bourges.

Conformément à ces conclusions, les chambres réunies de
la Cour de cassation ont rendu l'arrêt suivant :

Audience
solennelle des
Chambres
réunies de la
Cour de cassation.

La Cour,

Statuant sur le pourvoi formé par le sieur Loup contre un arrêt de
la cour de Bourges, en date du 20 juin 1900, qui l'a condamné
comme complice d'un délit de marchandage, à 50 francs d'amende
et 200 francs de dommages-intérêts, pourvoi renvoyé à l'examen des
chambres réunies, conformément. . . . .

Vu. . . . .

Considérant . . . .

Vu. . . . .

Attendu qu'il résulte du texte même, tant du décret du 2 mars
1848 que de l'arrêté du 21 du même mois, que le fait qui a été d'a-
bord interdit, puis puni de peines correctionnelles par le Gouvernement provisoire, n'est point tant l'embauchage d'ouvriers à la journée
par un tâcheron, mais seulement l'exploitation des ouvriers au
moyen de ce marchandage, exploitation qui ne consiste, de la part
du sous-traitant, qu'à tirer un profit abusif du travail de ceux qu'il
emploie; que l'acte nécessite donc pour devenir délictueux la réunion
de ces trois éléments : un fait matériel, l'intention de nuire et un
préjudice causé aux ouvriers ;

Qu'en condamnant le demandeur en cassation à raison d'un prétendu délit de marchandage sans constater l'existence d'une fraude ni le caractère dommageable des conditions dans lesquelles les ouvriers avaient été employés, la cour d'appel de Bourges a violé la loi ;

Par ces motifs :

Sans qu'il y ait lieu d'examiner les autres moyens proposés ;

Casse et annule l'arrêt de la cour de Bourges du 20 juin 1900, et pour être statué sur le fond, conformément à la loi du 1ᵉʳ avril 1837 ;

Cassation de l'arrêt de la cour de Bourges.

Renvoie devant la cour d'appel de Rouen.

Ainsi a parlé M. le Procureur général Laferrière ;

Ainsi en a déclaré et en a décidé la Cour de cassation ;

Le marchandage n'est point par lui-même un délit.

Il ne le devient que par l'abus qu'on en peut faire en exploitant l'ouvrier.

C'est le fait matériel, l'intention de nuire, le préjudice causé qu'il faut prouver, dit la Cour suprême ; hors de là, point de délit.

Et ainsi, contrairement aux arrêts des cours d'Orléans et de Bourges, ces argumentation, déclaration, décision de la Cour de cassation, produites en séance solennelle ont fixé la jurisprudence à laquelle désormais devront se conformer les arrêts rendus en tous litiges sur la question du *marchandage*, laquelle se résume en ces termes :

LE MARCHANDAGE EST-IL EN SOI UN DÉLIT?

La cour de Paris, semblant en admettre la présomption, demandait une expertise pour l'éclairer.

Les cours d'Orléans et de Bourges ont dit « *oui* ».

La Cour de cassation, en troisième et solennelle assemblée, dit « *non* ».

La question est donc tranchée juridiquement.

Est-elle résolue?

SECONDE PARTIE

La plus haute autorité de justice interprétant un texte a prononcé :

Le marchandage en soi n'est pas un délit.

Termes techniques. Définitions.

Tout d'abord il faut se soumettre, au nom du respect de la chose jugée, et s'incliner devant l'arrêt de la Cour suprême.

Cela dit et entendu, reprenons l'étude de la question en nous expliquant sur les mots, en nous mettant en contact avec les êtres et les choses.

Tout d'abord définissons d'après Littré quelques termes techniques :

Marchandage. . . . .

Action d'un ouvrier qui prend du travail à forfait et qui le fait faire par d'autres ouvriers.

Marchandeur. . . . .

Ouvrier qui prend du travail à forfait dans un atelier.

Tâcheron. . . . .

Homme qui prend de seconde main un travail à faire et qui le répartit entre quelques ouvriers.

Tâche. . . . .

Ouvrage qu'on donne ou qui se donne à faire à certaines conditions dans un certain espace de temps.

D.   2

Forfait. . . . .

Marché par lequel on s'engage à faire ou à fournir une chose pour un prix déterminé, à perte ou à gain.

Embaucher. . . . .

Engager un ou plusieurs ouvriers.

Exploitation. . . . .

5° En un sens défavorable, exploitation d'un homme; le profit excessif que l'on en tire en l'employant.

Exploiteur. . . . .

Celui qui tire des avantages illicites de quelque position.

Métré. . . . .

Résultat d'un mesurage métrique.

Étude pratique du marchandage.

Entrons dans un chantier de travaux d'architecture et essayons de nous rendre compte des moyens par lesquels s'accomplit l'acte de *marchandage*.

L'entrepreneur fait convention avec un ouvrier pour l'exécution de telle partie de ses travaux, soit à forfait, soit au métré. Cet ouvrier est dès lors désigné sous le nom de *tâcheron* ou *marchandeur*.

L'entrepreneur fournit les matériaux, le matériel et fait les avances de fonds entre les mains du tâcheron.

Le tâcheron se charge de faire exécuter cette partie des travaux pour laquelle il a fait convention avec l'entrepreneur. Il embauche des ouvriers pour l'exécution de ces travaux, soit à la journée, soit à la tâche, soit au métré. Dans tous les cas, il paie les ouvriers avec les fonds fournis par l'entrepreneur.

Le tâcheron embauche des ouvriers :

Si c'est à la journée, il taxe celle-ci à un prix inférieur au prix normal fixé à la série des prix sur laquelle a soumissionné l'entrepreneur;

Si c'est à la tâche, il impose cette tâche à l'ouvrier pour un prix inférieur au prix qu'il reçoit lui-même de son patron pour cette même tâche ; ou bien il exige de l'ouvrier pour un prix égal au prix qu'il reçoit lui-même une tâche plus forte ;

Si c'est au métré, il paie à l'ouvrier un prix d'unité inférieur au prix qu'il reçoit lui-même de l'entrepreneur pour cette même unité ; ou bien s'il paie l'unité au prix qu'elle lui est payée, il exige de l'ouvrier une somme de travail comprenant un plus grand nombre de ces unités.

Nous avons été témoin de ces faits.

Tel est dans les travaux d'architecture le *schema du marchandage* dont les combinaisons varient suivant l'ingéniosité de ses promoteurs et suivant l'abondance ou la pénurie des travaux.

Analysons le caractère des opérations constitutives du *marchandage*, cherchons les causes déterminantes des agissements de deux des parties intéressées à l'égard de la troisième : l'entrepreneur et le tâcheron en face de l'ouvrier ; leur but, les raisons données pour légitimer leurs actions respectives ; examinons les effets, les répercussions, les résultats, les conséquences de ces opérations.

Quel est le but de l'entrepreneur opérant par voie de *marchandage ?*

But de l'entrepreneur.

Diminuer son travail personnel, se libérer d'une partie de ses préoccupations, réduire le nombre de ses employés ; en un mot accroître son profit tout en ménageant ses forces ; de plus, en outre du bénéfice normal dont il avait la légitime espérance en soumissionnant et dont il a maintenant la certitude en sous-traitant, il stipule un supplément de bénéfice à son profit dans sa convention avec le tâcheron.

Pourquoi le *marchandage* est-il si fort en faveur auprès des entrepreneurs ?

On dit :

La division du travail. Loi économique.

Le marchandage est né de cette grande loi économique moderne « la division du travail » dont il est l'indispensable agent d'exécution.

Où trouver une application plus complète, plus rigoureuse, plus parfaite de *la division du travail* que dans l'armée, les ministères, les chemins de fer, les administrations publiques et particulières.

Dans toutes les institutions de l'État et des villes, les services publics fonctionnent en vertu de *la loi de la division du travail*, avec les variations motivées par la nature des choses, et le rôle des êtres dont l'activité est soumise à cette loi.

La division du travail peut exister sans le marchandage. Point de relation de cause à effet.

Or, dans aucune de ces institutions il n'est question de *marchandage*.

On peut déjà conclure de là que *la division du travail* est une chose et que *le marchandage* est une autre chose, qui ne procède pas naturellement de la première.

Que l'entrepreneur charge un ouvrier, dont il a distingué les capacités, de faire exécuter une partie de son entreprise par d'autres ouvriers; qu'il se repose sur cet ouvrier promu *tâcheron* du soin de répartir le travail entre des ouvriers embauchés à cet effet, de veiller à une bonne exécution dans un temps normal, cela est d'autant plus utile et profitable à la marche de l'opération que celle-ci est plus importante. Cela est bien.

Il est légitime de chercher à produire une œuvre déterminée avec la moindre somme possible de travail, à condition toutefois de ne léser personne. Et quand, répondant à cet argument.

Tout tâcheron est nécessairement exploiteur, tout marchandage est nécessairement oppressif.

M. Le Procureur général dit :

Comment est-ce possible? D'où vient contre l'ouvrier cette suspicion, cet ostracisme qui ne s'applique pas au patron? car si c'est un patron, si c'est un maître qui veut prendre la sous-entreprise, il n'y

a pas de présomption légale contre lui ; on ne voit plus en lui un exploiteur.

Nous avons le devoir de présenter un fait et une objection
qui ne peuvent que renforcer l'argument.

Voici le fait : Tous les cahiers de charges sérieusement
établis portent ceci :

L'adjudicataire ne peut faire cession de son entreprise sans le
consentement exprès et par écrit de (ici la désignation de la personnalité pour qui ou au nom de laquelle les travaux sont exécutés);

Pourquoi cette interdiction si ce n'est en prévision d'abus?

Voici l'objection : Tout intermédiaire entre l'entrepreneur
et les ouvriers a nécessairement un bénéfice ; sur qui ce bénéfice est-il prélevé? Sur l'entrepreneur cédant? Jamais. C'est
donc sur les ouvriers; ceux-ci le savent bien et ils englobent
dans une même suspicion tout intermédiaire, tout sous-traitant, quel qu'il soit, ouvrier tâcheron, patron, maître, entrepreneur. C'est une erreur de croire que l'ouvrier s'en laisse
imposer par le titre ou la qualité de celui qui lui cause un
préjudice.

Ne léser personne : cette condition est la limite du droit de
l'entrepreneur de se libérer de ses obligations.

Que l'ouvrier promu tâcheron reste l'employé de l'entrepreneur et ne devienne pas son sous-traitant, qu'il reçoive de ce
dernier un salaire proportionné à son intelligence, à ses capacités, à la responsabilité que lui impose son patron en lui con-
férant cette nouvelle fonction, mais qu'il lui soit interdit de
réaliser aucun bénéfice sur le salaire des ouvriers qu'il
emploie, lesquels doivent être payés directement par l'entrepreneur au prix normal de la journée ou de l'unité.

Un entrepreneur de travaux, un directeur d'usine, un chef
d'établissement agricole, industriel, commercial, au même
titre qu'un ministre, un général, en un mot tout conducteur

d'hommes doit diviser sa tâche et la répartir entre ses lieute-
nants, chefs responsables, mais sans jamais se désintéresser
de la masse exécutante avec laquelle il doit toujours conserver
le contact.

Que si la marche de la science, le développement de l'outillage, la formation de syndicats, les agglomérations d'entreprises, la constitution de *trusts*, si ces modernes concentrations
de puissances productrices entraînent une division de plus en
plus parcellaire du travail, le chef qui assume la responsabilité supérieure en prenant le profit et l'honneur de la direc-
tion, doit toujours, en déléguant des parties de son pouvoir,
conserver son droit de haute justice. Il doit toujours trouver
le temps de s'assurer que le représentant de sa puissance soit
aussi son porte-parole intègre.

Il faut toujours laisser libre d'accès à tous l'avenue qui doit
joindre le chantier, l'usine, l'atelier, le bureau, le champ au
centre d'où part le commandement suprême.

Le chef qui se désintéresse de ses devoirs et de ses préroga-
tives manque à sa mission ; s'il ne peut remplir toutes les
charges de cette mission, il n'en est point digne.

Ce n'est que par une extension outrée du *marchandage* im-
proprement posé en corollaire de *la division du travail* qu'on
en est arrivé à établir parmi nous ces entreprises de travaux
de bâtiments dans lesquelles des personnalités exclusivement
financières, étrangères à toute connaissance technique, se
présentant aux adjudications publiques sous le couvert de la
qualité d'entrepreneurs, arrivent à être adjudicataires, puis
passent la main à divers particuliers ou sociétés et se révèlent
alors comme banquiers n'ayant d'autre souci que de faire produire le maximum d'intérêt à un capital engagé.

Dans ces cas heureusement encore rares, la qualité de
l'œuvre est parfois juste suffisante pour la durée de la responsabilité et les ouvriers, considérés uniquement comme des

unités de production, doivent avec la plus faible mise de fonds produire le plus fort rendement.

Quel est le but du tâcheron en prenant un travail de seconde main?

But
du Tâcheron.

Gagner le plus possible.

Hier simple ouvrier à la journée ou à la tâche, il se trouve aujourd'hui en posture nouvelle. Il commande à d'autres ouvriers; il prend une responsabilité dans la qualité du travail, la rapidité de l'exécution, le prix de revient: parfois il ne travaille pas de ses mains. Maître des ouvriers qu'il a embauchés, il peut débattre directement avec eux ses conditions, qu'il leur impose le plus souvent, sans avoir à rendre d'autre compte à l'entrepreneur que de la quantité, de la qualité, du prix de revient d'un travail.

N'ayant aucun bénéfice sur les matériaux, ne cherchera-t-il pas à s'en procurer sur les salaires des ouvriers? Se contentera-t-il du salaire de sa journée!

Par la nouvelle situation qu'il a prise, il fait moins d'effort physique, mais il accepte plus de responsabilité, plus de préoccupation; et pour qui? et pour quoi?

Sera-ce pour aider l'entrepreneur à édifier sa fortune, pour faciliter la perfection de l'œuvre? Cet ouvrier promu tâcheron, en outre de son intelligence, de ses capacités, aura-t-il assez de force de volonté, de vertu, pour se contenter de se perfectionner dans son savoir professionnel afin d'arriver au patronat, n'ayant pour tout pécule que ses sévères économies sur ses gains légitimes, c'est-à-dire sur son salaire personnel?

Ce tâcheron ferait preuve d'un désintéressement, d'une pureté dans l'ambition, d'une philanthropie, d'un esprit de charité rares.

On peut, croyons-nous, sans calomnie, donner du rôle du tâcheron une explication moins idéale.

Cet acte de *marchandage*, qui se fait au chantier *entre*

chien et loup, a permis au tâcheron de prélever à son profit une partie du prix de l'heure ou de l'unité payé à l'ouvrier, ou d'imposer à celui-ci une quantité de travail plus que normale dans un temps déterminé.

Dans le premier cas, c'est la spoliation.

Dans le second cas, c'est le surmenage.

Le *marchandage* ne peut pas ne pas être l'un ou l'autre puisque, nous le répétons, le tâcheron n'a aucun bénéfice sur les matériaux, et que, cessant d'être l'employé pour devenir le sous-traitant de l'entrepreneur, il ne reçoit plus de salaire de celui-ci.

De quoi vivra ce tâcheron, sinon d'un prélèvement sur les salaires des ouvriers qu'il dirige ?

Dans les deux cas, il y a : le fait matériel, l'intention de nuire

(à défaut de l'intention, l'acte nuisible y est bien et il y est sciemment),

enfin le préjudice causé ; en somme les trois éléments qui, suivant l'arrêt de la Cour de cassation

doivent entrer dans la constatation d'un acte de marchandage pour le rendre délictueux.

M. le Procureur général dit :

Expliquez-nous, en qualité de commentateurs venant éclairer le juge, quels sont les faits qui d'après vous imposent la présomption légale d'exploitation, d'oppression, et qui démontrent que nécessairement le tâcheron avilit le salaire et qu'il condamne l'ouvrier à travailler à prix réduit en réalisant sur lui un bénéfice illicite.

Nous venons, croyons-nous, d'exposer ces faits et, quand certains membres de la Commission supérieure du travail comme M. le Directeur des routes et de la navigation, et des publicistes comme M. Brodu déclarent

que le marchandage n'abaisse pas le prix des salaires et que même dans certains cas il peut l'élever, nous répondons que ce sont là des assertions qui tendent à établir une équivoque.

Si dans certains cas, d'ailleurs extrêmement rares, on offre une augmentation de salaire, par contre il y a surmenage. Qu'un ouvrier exceptionnellement robuste puisse produire plus que d'autres dans le même temps et par conséquent puisse gagner un salaire supérieur, le fait reste une exception et la seule conséquence à en déduire c'est la certitude d'une déchéance physique à bref délai pour la masse de ceux qui seraient tentés de l'imiter.

Nous le répétons, le *marchandage* c'est la spoliation ou le surmenage.

M. le Procureur général doutant du bien fondé des griefs contre le *marchandage,* dit encore :

Ces faits sont-ils si fréquents? sont-ils si généraux ? Nous en serions bien surpris et il serait difficile de comprendre que les chantiers des tâcherons ne fussent pas désertés, si un surmenage effréné en était le régime habituel.

Et ce doute suffit à M. le Procureur général pour déclarer que :

La présomption légale fait défaut comme le texte lui-même.

Ce doute et cette surprise se changeraient en d'intéressantes et instructives constatations s'il était donné à M. le Procureur général de se trouver en contact avec le monde ouvrier.

Voici un ouvrier maçon frais débarqué de la Creuse ou d'ailleurs, qui se présente à un chantier.

A la recherche du travail.

. . . . . Est-ce qu'on embauche?
. . . . . Ça dépend.
. . . . . Combien l'heure ?
. . . . . Soixante-dix centimes.
. . . . . Mais le tarif..... C'est seize sous !
. . . . . C'est à prendre ou à laisser.

Pourtant ce compagnon a entendu dire à la chambrée que

l'entrepreneur est payé d'après la série des prix *quatre-vingts centimes*, l'heure d'ouvrier; mais que faire…..? Deux, trois chantiers visités, deux journées de perdues; il s'agit de rapporter un petit pécule à la famille….. là-bas….. au pays….. et il va au rabais de l'heure ou à la tâche plus rude.

M. le Procureur général dit, il est vrai :

….. D'ailleurs si l'ouvrier n'est pas payé, il peut y avoir exploitation, et la jurisprudence de votre Chambre criminelle réserve parfaitement l'appréciation de ce fait; s'il y a fraude le tâcheron pourra être puni et l'entrepreneur également s'il est complice.

Difficulté de constater la fraude.

Mais ainsi que le dit l'arrêt de l'une des Cours de renvoi :

….. Il est impossible de vérifier si le salaire est normal. Ces arrangements entre ouvriers et marchandeurs ne donnent lieu à aucune écriture, du moins ostensiblement.

Cette qualification de *marchandeur*, donnée par les ouvriers au tâcheron, ne présume-t-elle pas l'action de marchander, action dissimulée, illicite?

Difficulté pour l'ouvrier d'exercer son droit.

Puis, entre la lecture d'un texte de loi punissant l'abus et la condamnation d'un délinquant, n'y a-t-il point une laborieuse et onéreuse série de constatations, significations, assignations, procès en première instance, en appel, pourvoi en cassation? Quel ouvrier isolé aura le temps, les moyens, la persévérance, dans la volonté d'user de son droit?

Le procès relaté au commencement de la présente étude peut donner une idée de la difficulté se dressant devant l'ouvrier qui, se croyant lésé, exploité, demande justice.

Dans ces conditions, peut-on raisonnablement se borner à montrer à l'ouvrier son droit, alors qu'il lui est si onéreux de l'exercer; lui opposer cette « *loi de l'offre et de la demande* qui n'est pour lui qu'un leurre puisqu'il ne peut attendre.

M. le Procureur général ajoute :

..... Pour être juste, il faut reconnaître que si des inconvénients sont possibles dans le marchandage, des avantages le sont aussi ; avantages pour l'ouvrier aussi bien que pour le tâcheron : pour l'ouvrier qui, en acceptant un travail qui sera peut-être plus sévère, qui exigera des efforts plus soutenus, touchera un salaire plus élevé ; avantages pour le tâcheron qui, avec de l'ordre, de la conduite, de l'expérience professionnelle, arrivera, grâce à cette situation intermédiaire, à devenir lui-même un entrepreneur.

Avantages attribués au marchandage ; élévation éventuelle des salaires. Accessibilité au patronat.

Ces réflexions sont renforcées par cette déclaration de M. Goy, président de la commission permanente du Conseil supérieur du travail, portant en substance que. . . . .

Cette situation intermédiaire du tâcheron est pour l'ouvrier l'échelon qui lui est nécessaire pour arriver au patronat.

Oui, c'est une ambition honorable de la part d'un ouvrier d'aspirer au patronat ; mais cette ambition ne doit être encouragée, favorisée qu'à la condition que l'ouvrier s'élève par des moyens légitimes, c'est-à-dire en acquérant l'instruction technique et en s'exerçant à conduire quelques-uns de ses compagnons, en réalisant des économies sur son salaire personnel, sur la haute paie que normalement devrait lui assurer l'entrepreneur qu'il seconde dans son action et dont il devrait rester l'employé. Répudiant alors à bon droit cette épithète de *marchandeur* qu'inflige le soupçon de pratiques louches et abusives, il pourrait remplir sa mission et s'efforcer d'arriver au patronat, en provoquant peut-être un certain sentiment d'envie, mais du moins en conservant l'estime de ses camarades.

Oui, il y a, dans cet acheminement de la situation d'ouvrier à la position de patron, une évolution bienfaisante pour l'individu et favorable à l'œuvre ; c'est là un résultat éventuel à encourager ; mais le but poursuivi par l'entrepreneur est tout d'abord un allègement de besogne, avantage très légitime ; puis une économie de temps, c'est-à-dire un bénéfice, lequel est licite si l'entrepreneur paie lui-même les ouvriers au prix normal et s'il s'assure que la besogne exécutée reste normale, ou est illicite si ces deux conditions sont annihilées par son fait ou par les agissements vexatoires du tâcheron.

Il faut en prendre son parti, *la division du travail*, quoique abusive, nuisible et même désastreuse en ses excès, est devenue une pratique nécessaire dans l'ordre du travail moderne; mais *le marchandage* est une autre pratique toute différente, non nécessaire, immorale, vexatoire, et dont le mobile inavouable ne saurait trouver son excuse, encore moins sa raison d'être, dans la première.

Le tâcheron, au sens où nous le comprenons, restant l'employé du patron, tirant son profit, sa prospérité exclusivement d'un salaire proportionné à son mérite est un auxiliaire utile à l'entrepreneur.

Le marchandeur est un parasite.

Le *marchandeur* est un intermédiaire parasite, conséquemment nuisible.

L'entrepreneur peut légitimement, raisonnablement, employer le *tâcheron;* il ne doit point faire alliance avec le *marchandeur.*

Puis se demandant :

D'où vient ce dédain, ce mauvais vouloir à l'égard des ouvriers qui veulent travailler comme tâcherons et arriver plus tard au patronat ; d'où vient cette indifférence pour cet acte d'émancipation.

M. le Procureur général croit en trouver la raison dans cet état de choses.

Qu'il y a en France une école qui pense que la classe ouvrière tout entière doit arriver à des destinées meilleures, non par des efforts individuels, mais en masse; non seulement par la coopération, qui est si digne d'être encouragée, mais par la suppression du patronat et par ce qu'on appelle la socialisation des instruments du travail.

Enfin se défendant de toute controverse sur des questions

sociales et se maintenant dans le domaine juridique, M. le Procureur général résume ainsi sa pensée sur ce sujet.

..... D'après les principes et les lois écrites sur lesquels repose notre démocratie, le travail est libre, les contrats sont libres lorsqu'ils n'offensent pas la morale et l'ordre public; les citoyens, quelque humble que soit leur condition, sont libres d'aspirer à une situation meilleure; ces mêmes principes ne permettent pas que, par des théories plus ou moins hasardeuses, on puisse retenir systématiquement dans le rang, soit par la contrainte soit par des prohibitions calculées, ceux qui aspirent à en sortir. A chacun selon ses œuvres; à chacun selon ses facultés dont le libre usage est assuré par les règles fondamentales de droit public.

Certes, l'effort individuel est un levier puissant et, en tant qu'arme franchement et loyalement maniée, il est à bon droit considéré comme l'action légitime de l'individu aspirant à s'élever.

La coopération qui est un groupement d'efforts individuels est également digne *d'être encouragée*, dit M. le Procureur général, bien que ce système d'organisation du travail ne tende à rien moins qu'à la *suppression du patronat*.

Quant à *la socialisation des instruments du travail*, cette formule ne nous dit rien qui vaille : elle nous apparaît sous l'euphémisme de l'expression comme une forme de l'anarchie, laquelle se dressant, non comme une situation transitoire entre un présent abhorré et un avenir inconnu, mais comme la négation de tout système, de toute organisation, de tout principe, comme une poursuite sans autre objet que la destruction, comme un saut dans les ténèbres; ne nous attardons pas à la discussion : les éléments d'appréciation nous manquent.

De l'anarchie, l'on ne nous montre que le chemin qui y conduit, et il n'est pas engageant, manquant d'horizon ; que les moyens d'action, et ils nous répugnent étant faits de violence sans but défini, d'annihilation sans compensation visible : qu'on nous éclaire et nous verrons.

L'effort individuel. Considérations sur des appréciations formulées par M. le Procureur général.

Cela dit, nous voici bien à l'aise pour rechercher ce qu'il peut y avoir de digne d'attention dans ces vagues et confuses aspirations des masses *à des destinées meilleures.*

Et tout d'abord comment s'étonner de cette évolution de la pensée?

Voici plus d'un demi-siècle qu'on répand à flots l'instruction et le nombre s'accroît chaque jour de ceux qui sont en état de lire

l'histoire du peuple français, l'histoire de la Révolution française, etc.....

et de puiser dans ces lectures la foi en des destinées plus prospères, l'espérance *en un avenir meilleur.*

Ces millions d'êtres humains en apprenant à lire et à écrire apprennent aussi à penser, à apprécier les faits, à juger les hommes. Ils ont lu que l'affranchissement des communes dès le xiᵉ siècle s'est fait et poursuivi par le peuple, tantôt soutenant la royauté alliée, tantôt soutenu par elle : que celle-ci, ayant laissé la noblesse et le clergé user et abuser de leur pouvoir, s'est effondrée par l'écroulement de ces deux piliers de la monarchie disparaissant en tant que puissances en 1789 devant le tiers État.

L'histoire recèle les documents qui prouvent que la liberté ne s'obtient ni ne s'achète, qu'elle se conquiert; que chaque franchise, chaque privilège, chaque droit dont est fait notre droit, a été le prix d'une lutte, la victoire d'une bataille.

La tribune retentit de la proclamation, de l'apologie de ces faits, l'on inonde la foule, on l'assourdit, on la sature des images, des récits, des enseignements de ces faits.

N'est-ce pas là l'explication de ces aspirations des masses, de ces mouvements des foules.

Qui de nous, dans la situation de l'ouvrier, ne céderait pas à la tentation de s'unir à ses semblables dans le but de s'élever à *un avenir meilleur?*

Un avenir meilleur?

Qu'est cela?

Est-ce l'inaction, la paresse insolemment exigeante de droits sans le sentiment des devoirs?

Est-ce la jouissance avec tous ses appétits, sans frein?

Est-ce le désordre, la confusion?

L'inconscience même des aspirations ne permet pas pour le moment d'en préciser la formule. Mais si l'on considère le fonds d'honnêteté consciencieuse de la classe ouvrière dans son ensemble, sa force d'endurance à tant de maux, sa résistance passive à tant de causes destructrices physiques et morales, il est permis de croire que ses espérances ne sont pas irréalisables.

Les vœux que nous avons entendu fréquemment exprimer ne vont pas au delà du souhait de l'avènement d'un ordre de choses dans lequel le labeur serait rémunéré non plus seulement suivant cette fallacieuse *loi de l'offre et de la demande*, mais aussi en tenant compte dans une mesure compensatrice, en regard de cette fatalité de l'annihilation croissante de la main-d'œuvre par le fait du développement de l'outillage industriel, en tenant compte, disons-nous, des nécessités non moins inexorables des besoins de l'existence.

Or, la succession des phases de l'organisation du travail ne fait point entrevoir un ordre de choses favorable à ces vœux.

Les forces productrices se rallient en des groupes homogènes de plus en plus unis, permettant de diminuer les frais généraux et de profiter à moindre sacrifice du perfectionnement de l'outillage industriel, d'où cette résultante : *réduction du prix de revient du produit*, ce qui est un bien relatif, mais par contre *avilissement du prix de la main-d'œuvre*, ce qui est un mal absolu et terrible.

Ajoutons que nous assistons à une évolution agressive de ce phénomène, laquelle se manifeste sous nos yeux avec l'aride et rude activité d'une machine de taille à niveler des montagnes :

Absorption en un faisceau unique des forces économiques d'une époque ou d'un monde.

Tant que l'individu seul en a souffert, on s'est borné à nier le fait. On commence à s'émouvoir de cette lèpre de la concentration depuis qu'elle menace d'envahir la sphère d'action des États eux-mêmes.

Où cela nous mènera-t-il?

C'est là une redoutable question sociale, qui contient notre sujet, ou que notre sujet contient, comme l'on voudra.

Écarter, d'une parole, la controverse sur la question sociale peut permettre de fournir une solution dans un ordre d'idées, dans l'ordre juridique, par exemple : un tel ostracisme ne peut que trancher, il ne résout pas. C'est en la considérant sur toutes ses faces, en la suivant dans toutes ses répercussions que nous voulons examiner la question *du marchandage*.

Nous n'avons pas la naïveté d'espérer fournir d'emblée la formule de destruction de cette poussée à l'intronisation de l'omnipotence industrielle, alors que ceux qui ont le pouvoir de la refouler laissent croire à leur impuissance. Nous n'en considérons pas moins comme un devoir de montrer l'abus et d'apporter une explication de :

Cette attitude dédaigneuse et du mauvais vouloir des ouvriers qui étonne et encourt le blâme.

Difficulté croissante de l'effort individuel. Que peut l'effort individuel en face des syndicats des grandes industries agricoles, industrielles, commerciales, en regard de ces mouvements internationaux fomentés en vue de bouleverser les organisations économiques des États eux-mêmes, et qui, opérant avec méthode par de formidables coalitions d'intérêts, visent à concentrer en quelques centres d'actions anonymes et cosmopolites toutes les forces productives nées et à naître sur la surface du globe.

Nous marchons à la lutte, car ces exemples de la puissance de l'association des forces sont des armes à deux tranchants : les syndicats ouvriers se sont maintenus jusqu'alors dans l'attitude passive d'une résistance à l'abus, à l'exploitation ; aujourd'hui, à l'exemple mais à l'encontre des agglomérations internationales des entreprises industrielles, ils cherchent, dans la coalition de leurs efforts, à prendre place au rang des puissances contractantes.

Syndicat d'individualités, coalition de syndicats, l'exemple vient de haut : c'est donc de bonne guerre.

Coalition.

D'ailleurs, cela est humain et inhérent à l'esprit de caste dans toutes les classes de la société. Le second Empire l'avait compris.

Qu'on me permette de retracer ici un souvenir personnel, à propos de coalition.

C'était en 1860, au moment du concours pour l'Opéra. Nous étions une douzaine d'élèves de 1re classe de la section d'Architecture à l'École des Beaux-Arts.

L'un de nous, un maître aujourd'hui et inspecteur général des bâtiments civils, prenant alors l'initiative, nous tint un petit discours à l'atelier *Le Bas*, où nous étions réunis, faisant ressortir notre valeur artistique et la nécessité pour les Architectes prenant part au Concours et désireux d'utiliser nos talents, de nous payer un prix exceptionnel. *Messieurs*, nous dit-il, de ce ton posé où perçait déjà sa sérénité olympienne.

Messieurs, il n'y a que nous! Aucun de nous ne doit accepter de faire les trois principaux dessins du Concours de l'Opéra pour un Architecte à moins de 600 francs.

Est-ce dit?

D.   3

Clameur formidable : *oui! oui!*

Ce qui fut dit fut fait.

Voilà, ce me semble, une coalition et parmi ceux qui y prirent part se trouvaient des artistes aujourd'hui membres de l'Institut!

L'ouvrier se trouve de plus en plus en mesure de faire des comparaisons, c'est-à-dire de comprendre, de considérer, par exemple, en regard de la difficulté pour lui sans cesse croissante de vivre, ce fait trop fréquent qu'un succès dû parfois à une tentative sans scrupule s'étend en progression géométrique sans continuité d'effort de son auteur, par la seule influence d'un régime où la puissance représentative de l'argent tend à tout absorber ; il constate que la masse laborieuse reste exclue, ignorée des résultats bénéficiaires d'un *Trust*, dernière création de ces gigantesques parties d'échecs économiques dont un labeur national tout entier n'est qu'une fraction de l'enjeu.

Afin de rendre pour ainsi dire tangible, palpable, cette pensée des masses ouvrières, cet objet de leur malaise latent, nous avons cherché à établir la moyenne des dépenses nécessaires pour la vie d'une famille d'ouvriers à Paris : l'homme, la femme et trois enfants.

En présentant le tableau ci-après, nous pensons qu'un coup d'œil sur ce *graphique d'un budget*, suivant l'expression moderne, sera le meilleur des enseignements pour qui ne craint pas de regarder de près ces misères.

Et qu'on ne dise pas que ceci est un hors-d'œuvre :

Les paroles de M. le Procureur général ont une trop haute portée et prononcées dans l'enceinte de la Cour suprême, elles prennent un caractère trop grave pour qu'il soit permis de les négliger. Or, bien que se défendant *d'instituer des controverses sur des questions sociales*, M. le Procureur général, dans une discrète allusion, émet sur celles-ci une appréciation dont il est impossible de ne pas tenir compte, alors surtout qu'il attribue à l'une des Écoles politiques une doctrine subversive de tout ordre social, laissant ainsi planer sur la masse ouvrière comme une vague inculpation de sentiments d'envie.

Il est vrai que cette sévère appréciation de sentiments paraissant violents dans la forme sommaire et superficielle où ils sont exprimés, mais dont on peut trouver la mesure juste en pénétrant au fond des choses, il est vrai que ce procès de tendance, pourrait-on dire, est suivi d'une déclaration de principes aussi large d'idées, aussi libérale que peut le souhaiter l'esprit le plus généreux.

Malheureusement cette sorte de profession de foi reste à l'état de théorie pure, aussi éloignée de la brutalité des faits que la poésie l'est du monde réel.

Dépenses pour la vie d'une famille d'ouvriers de 5 personnes (homme, femme, 3 enfants), à Paris, en 1902.

L'homme, ouvrier du bâtiment. La femme tient le ménage et soigne les enfants. La famille habite à l'une des extrémités de la Ville.

Logement. | 2 pièces, 1 cuisine 280f » pour 1 jour, y compris l'assurance............ 1f05

Nourriture. L'homme (2 repas au dehors et le coup du milieu)......	Pain........ ..	0f 40		
	Vin 1/2 litre..	0 50		
	Viande........	1 »	pour 1 jour........... 2 80	
	Légumes......	0 50		
	Fromage......	0 10		
	Café, 1 fois....	0 30		
La femme et 3 enfants....	Pain........ ..	0 40		
	Vin...........	0 25		
	Lait..........	0 40	pour 1 jour........... 2 25	
	Viande........	0 50		
	Légumes......	0 50		
	Fromage......	0 20		

Ces évaluations sont faites pour les grands jours du printemps et de l'été.

Durant les deux autres saisons, l'homme peut faire un repas à la maison; les dépenses d'ensemble restent les mêmes.

A reporter.......... 5f05

Report............ 5f 05

Habillement.

L'homme....

3 pantalons de travail......	45f »		
2 pantalons...	40 »		
3 gilets dont 1 de laine.....	35 »		
1 redingote....	60 »		
2 chapeaux ...	25 »	283f	Durée des objets : 3 ans.
4 casquettes...	12 »		
6 chemises....	36 »		
6 paires de chaussettes..	12 »		
3 cravates.....	3 »		soit pour 1 an :
Accessoires divers........	15 »	94f	
4 paires de chaussures........	60	} 154f	

Et pour 1 jour... 0f 42

La femme...

4 robes.......	100 »		
3 camisoles....	30 »		
4 jupons......	40 »		
6 chemises....	20 »		
2 corsets	25 »	271f	Durée des objets : 3 ans.
6 paires de bas.	12 »		
6 bonnets.....	9 »		
2 chapeaux....	20 »		soit pour 1 an :
Menus accessoires de toilette.	15 »	90f	
Chaussures..........	45	} 135f	

Et pour 1 jour... 0 36

Les enfants..

Layette.......	20 »		
Chemises	12 »		
Culottes	20 »		Durée des objets :
Gilets.........	20 »	117f	2 ans.
Vestes blanches	30 »		soit pour 1 an :
Nécessaires de toilette......	15 »	58f	
Chaussures..........	40	} 98f	

Et pour 1 jour... 0 26

Éclairage.. 1 jour... 0 16
Chauffage... 1 jour... 0 16
Voitures pour aller au travail et en revenir......... 1 jour.... 0 20 Moyenne, eu égard aux
Menues dépenses, tabac, journal, voitures, prome-   dimanches
nades .... 1 jour... 0 20 et fêtes.

TOTAL...................... 7f 86 soit 7f 90

Pour le célibataire, le chiffre total est de.......... 4 95 soit 5 »

Ainsi d'après ces évaluations, que le contrôle le plus sévère, trouverait modérées, il faut à une famille d'ouvriers com-

posée de cinq personnes, pour vivre à Paris, une somme par
jour de . . . . 7^f,90
et à un célibataire. . . . . 5^f »
dans des conditions, est-il besoin de le dire de stricte économie, de sévère simplicité dans les goûts, de sage ordonnance de la vie, de conduite irréprochable. Puis si l'on tient
compte des maladies, du surcroît de dépenses occasionnées
par les grossesses, l'accouchement, l'allaitement et aussi des
pertes résultant du chômage durant la mauvaise saison ou
par le fait de quelque crise industrielle, il se trouve que pour
couvrir cette somme de 7^f,90, dépense normale pour chacun
des 365 jours de l'année, il faudrait que chaque journée de
travail effectif fût payée un prix supérieur à ce chiffre de
7^f,90, lequel devrait être une moyenne.

Puis ce sera miracle si la ménagère parvient à faire la
moindre économie pour procurer quelques jouets à ses enfants ou ajouter quelque extra au menu afin de retenir son
mari à la maison.

Quant à faire quelque petit prélèvement sur chaque paie
pour le placer à la fin de l'année, afin de se réserver un mor-
ceau de pain pour les vieux jours, il n'y faut pas songer.

Pour qui veut réfléchir à ce problème et faire un rappro-
chement entre les chiffres des appointements, des salaires, des
gages d'une multitude d'employés, d'ouvriers, d'individus des
deux sexes, et les chiffres donnés ci-dessus comme le minimum
des dépenses nécessaires pour la vie à Paris, il ressort avec
l'évidence d'une preuve arithmétique que l'immense majorité
de ces individus vivent dans un état de privation perpétuelle,
de gêne incessante et souvent de souffrance, état plus doulou-
reux encore pour ceux que leur position, leur emploi, leur
place oblige à une certaine tenue.

Quelle vertu ne faut-il pas à ces êtres dont je détaille ici les
modestes besoins en face de ressources encore moindres pour

résister aux tentations du désir légitime et souvent à l'aiguillon de la faim!

Enfermés dans un bureau, rivés à un établi, attelés à un effort musculaire dix, douze heures et plus dans une action d'une monotonie que le perfectionnement mécanique rend d'une précision mathématique souvent énervante, abrutissante qui use le corps, épuise l'esprit, affecte douloureusement le moral, la vue limitée aux murs de l'atelier, de l'usine ou du bureau; la pensée n'échappant à l'implacable dureté du labeur que pour se heurter à l'inextricable problème de la vie de famille devenue impossible; soumis à une alimentation que le progrès dans la sophistication rend de plus en plus débilitante; constamment préoccupés du chômage, de la crainte de la maladie, et de la certitude d'une vieillesse misérable.

Telle est la situation de milliers d'êtres que l'on s'ingénie à instruire au nom d'une philanthropie inconséquente, leur causant ainsi le supplice d'une perception de plus en plus claire de l'inaccessibilité de ces richesses, faites des souffrances de leur chair, et de la perspective de mourir n'ayant connu de ce monde que la douleur.

Et l'on s'étonne qu'ils ne soient pas toujours assez vertueux pour regarder sans envie, parler sans colère et souffrir sans se plaindre!

J'avoue que j'admire la force de caractère de ceux qui parviennent à n'être pas submergés par cet océan de misères, et que je n'éprouve que de la pitié pour ceux qui se bornent à s'empoisonner d'absinthe en nous regardant de travers.

J'ai essayé de mettre en lumière l'action lente, loyale, intègre de l'effort individuel, en regard de cette marée montante de l'égoïsme qu'est l'agglomération des puissances productives internationales, en d'autres termes en regard *du capital*.

J'ai dit ce que doit être *l'effort individuel*, le caractère qu'il doit conserver dans toutes ses évolutions entre ses deux pôles, la *conscience*, *l'intégrité*, que l'ouvrier ne doit pas se prêter à cette pratique *du marchandage* qui ne peut s'exercer que par *l'emploi abusif de son semblable*, en d'autres termes que *le travail manuel* doit conserver son caractère simple d'élément constitutif de l'œuvre du bâtiment et ne pas se prêter à la spéculation d'où qu'elle vienne, d'en bas comme d'en haut.

L'effort individuel doit rester intègre.

Je voudrais montrer qu'il appartient *au maître de l'œuvre*, *à l'architecte*, qui, dans cet ordre de faits, représente l'élément *Intelligence*, d'assigner leur rôle à chacun des trois éléments constitutifs de l'œuvre : *Intelligence, capital, travail;* d'empêcher tout abus au préjudice de l'un d'eux, toute atteinte à leurs droits respectifs, de régler l'harmonie nécessaire, indispensable, de leur marche d'ensemble, c'est-à-dire d'exclure tout acte *de marchandage*.

Le Maître de l'œuvre.

Dans les travaux d'architecture toute œuvre est le produit de trois facteurs :

Caractéristiques des 3 facteurs de l'œuvre dans les travaux d'architecture.

L'intelligence, qui conçoit, ordonne et dirige ;

Le capital, qui fournit les moyens d'action ;

Le travail, qui réalise la conception et exécute l'*œuvre*.

L'intelligence peut concevoir, élaborer une œuvre, en tracer les formes, en formuler les moyens d'exécution. Elle ne saurait par ses moyens propres tirer de ses conceptions aucun résultat pratique, tangible; elle ne peut les réaliser qu'avec le concours des deux autres facteurs, *le travail et le capital*, et du premier plus indispensablement que du second.

Le capital fournit les moyens d'action et de transaction ; il rémunère le travail : il en prévoit, en suppute et en accumule les fruits.

Le travail est indispensable à l'intelligence dont il réalise les conceptions; il est indispensable au capital qu'il accroît

et fait fructifier. Il est le seul des trois facteurs de la production auquel le concours des deux autres ne soit pas indispensable : l'homme ne peut progresser que par l'intelligence
servie par le capital ; il pourrait vivre sans ces deux forces.
Le travail sans l'intelligence, c'est l'assouvissement des besoins matériels immédiats, c'est la routine, c'est la vie impré-
voyante soumise à toutes les forces destructives, mais c'est
encore la vie.

Le capital, par ses seuls moyens, ne peut rien sans l'intelligence servie par le travail.

De ces considérations sommaires, il ressort que le travail,
le bras qui exécute, l'ouvrier enfin est partie intégrante de
l'œuvre, laquelle dans le sujet présent est le fruit de la conception de l'architecte, et il n'était peut-être pas inutile
de le rappeler pour montrer que celui-ci a le droit et surtout
le devoir d'intervenir dans toute question intéressant celui-là.

Le Maître de « l'œuvre » l'Architecte. L'ouvrier ne doit pas avoir à craindre que lui, troisième,
mais indispensable facteur de la production, soit employé
abusivement, c'est-à-dire exploité par les deux autres. Il doit
entendre cette assurance de la bouche de l'architecte, du
maître de l'œuvre, comme l'on disait antérieurement au
XVIIᵉ siècle, alors que. . . . .

« les différends dans les choses du bâtiment concernant les maçons,
« tailleurs de pierres, charpentiers, tuiliers, couvreurs, etc. » . . . . .
étaient réglés par

« des jurés élus parmi les maîtres de l'œuvre. »

L'architecte doit être l'apôtre de cette vérité : la solidarité
des trois facteurs de la production l'*Intelligence*, le *Capital*, le
Travail. Il est naturellement désigné pour être le praticien de
la mise en œuvre de cette vérité. Et lorsque *le travail*, l'un de
ces trois facteurs, se trouve lésé, nul n'est mieux qualifié que
l'architecte pour intervenir, éclairer la voie, fournir les documents ; puis, s'il y a lieu, comme dans le cas mentionné au

commencement de cette étude, de rendre ses devoirs à la jurisprudence régnante en l'imposant à tous, nul n'a plus d'autorité pour porter jusqu'au pouvoir législatif la lumière d'où
doit naître une rénovation de la loi.

Nous venons de parler des

« différends dans les choses du bâtiment concernant les divers corps
« de métiers » ;

nul doute que ces *différends* entre autres sujets n'eussent eu
pour cause *le marchandage*, lequel, sous d'autres dénomina-
-tions, constituait dès ces temps anciens ce que l'on exprime
aujourd'hui dans les chantiers de travaux par ces mots *exploitation de l'ouvrier.*

Quelques notes historiques le montreront et retraceront
aussi la sollicitude des rois et des corporations pour l'ouvrier
comme aussi la persistance, jusqu'à nos jours, des efforts des
autorités souveraine, communale et corporative pour supprimer cet abus.

Notes
historiques.

Une ordonnance de 1351 porte que. . . . .

xive siècle.
Règlementation
des prix de
journées
d'ouvriers.

« tous les ouvriers du bâtiment, maçons, tailleurs de pierres, char-
« pentiers, tuiliers, couvreurs, etc...., auront de la journée 32 de-
« niers en été et 26 deniers en hiver ; leurs aides auront pour ces
« mêmes périodes 20 deniers et 16 deniers ».

Un édit du 4 février 1567 s'explique sur le salaire

« qui sera fixé chaque année pour les maçons, tailleurs de pierre,
« charpentiers, tuiliers, couvreurs, etc...., qui sera au plus 10 sols
« tournois pour les ouvriers et 5 sols pour les aides, de 5 heures du
« matin à 7 heures du soir ».

Ce même édit porte description de

« l'organisation des métiers, et de la création de jurés chargés des
« expertises du bâtiment et du règlement des comptes, soit à l'amia-
« ble soit en justice ».

Puis le parlement,

« par un arrêt du 13 août 1622, considérant le discrédit où ces jures
« étaient tombés, autorise les particuliers à choisir comme expert qui
« bon leur semblera parmi les bourgeois n'appartenant pas au corps
« du métier ».

C'est l'origine des attributions de l'architecte moderne qui
ordonne les travaux sans subir les garanties réclamées aux
entrepreneurs.

Le marchandage interdit sous Louis XIV. Une ordonnance du xvii° siècle porte cette prescription.....
« et si ne doit nul mestre de ce métier ne tacheron n'avoir qu'un
« apprentiz ».

Des lettres patentes de Louis XIV du 11 août 1649, confir-
mant les statuts des charpentiers enregistrés au Parlement
avec modifications, le 22 janvier 1652 portent :

..... « 29. Les compagnons et serviteurs appelés varlets en 1454
« ne peuvent occuper une situation de maître, à peine de confisca-
« tion et punition rigoureuses ».

« 30. Ni tenir d'autres compagnons ou apprentis.

« 31. Défense aux maîtres de s'associer avec des compagnons.

« 51. Défense d'entreprendre des bâtiments pour les livrer les clefs
« à la main, sans conclure séparément les marchés pour chaque ou-
« vrage, à peine d'une amende de 1.500 livres. Les jurés recherche-
« ront les noms de ces entrepreneurs et porteront plainte contre eux ».

L'ouvrier protégé par les autorités royale, communale, corporative, mais tenu en tutelle. Ces documents montrent que si les tentatives d'abus sont de
tous les temps, ce que nous savons de l'histoire du travail
montre également que dans les siècles passés, au moins depuis
l'affranchissement des communes, l'autorité souveraine et les
corporations considéraient bien que *l'ouvrier employant un
autre ouvrier* commettaient un acte *abusif, illicite et frauduleux* et elles punissaient cet acte rigoureusement. Or, c'est
précisément ce fait *d'un ouvrier employant un autre ouvrier*
que nous désignons aujourd'hui sous le nom de *marchandage*.

Mais, dira-t-on, « ces édits et ordonnances utiles, alors, néces-
« saires même à ces époques où trop souvent la force tentait d'u-
« surper le droit, toutes ces mesures préventives, prohibitives, se-
« raient considérées comme des atteintes à la liberté du travail à notre

« époque, plus de cent ans après l'abolition de ces corporations qui
« protégeaient l'individu en le tenant en tutelle. Le magnifique mou-
« vement de 1789 a brisé ces entraves à la personnalité humaine en
« proclamant l'homme libre. Les hommes qui ont fait la révolution,
« qui l'ont préparée, qui l'ont accompli, n'avaient que de géné-
« reuses pensées ».

Pourtant, il faut reconnaître que les corporations, dont les
abus avaient justifié l'abolition, ont offert durant des siècles
à tous leurs membres des centres d'alliances fraternelles, d'as-
sistance mutuelle, de résistance active que l'on est encore aujourd'hui à essayer laborieusement de reconstituer par les
syndicats, tentatives vaines si la force morale énervée par la
dépression des mœurs ne renaît point.

A quoi tenait cette union dans les corps de métiers, cette
alliance des membres qui la composaient, cette fraternité
avant la lutte? Bien que des corporations d'artisans existassent
à Rome dans l'antiquité, il paraît vraisemblable de penser que
celles du Moyen âge, du monde chrétien, ne procédaient pas
du même principe. Peut-être y avait-il ici l'influence profonde
d'un sentiment étranger aux intérêts matériels, au-dessus des
mesquines rivalités, supérieur aux passions.

Ce n'est pas dans le cadre de cette étude que l'on peut tenter
de chercher à déterminer les causes qui ont pu donner naissance
à deux institutions analogues dans des mondes si différents.

Aujourd'hui l'ouvrier, comme tout citoyen, est une unité
libre dans l'État. Isolé, il reste asservi aux nécessités de l'existence matérielle, sans force contre les coalitions d'intérêts
puissants dont il est obligé de subir la loi, et, au point de vue
de la défense de ses intérêts, il se trouve dans une situation
plus mauvaise que celle dans laquelle il se trouvait antérieurement à la révolution de 1789.

Cette situation a été déjà signalée dans

« le livre des Métiers, d'Étienne Boileau : ..... Qu'il nous suffise de

Après 1789, l'ouvrier isolé, dénué, mais libre, et armé du droit de coalition en face de groupements sociaux absorbants et puissamment organisés par l'argent.

« constater que l'ouvrier du xiii° siècle avait en somme plus de repos
« que le travailleur du xix° siècle. L'esprit de fraternité régnait dans
« l'ensemble des métiers......Ce lien professionnel s'est rompu avec la
« proclamation du principe de la liberté ouvrière qui a créé l'indivi-
« dualisme et a exagéré la puissance de l'homme d'argent ».

Cependant, en Angleterre, on peut constater que l'action
des groupements d'ouvriers tend à rétablir l'équilibre dans la
lutte entre les coalitions d'intérêts opposés.

Au lendemain de la révolution de 1848, les ouvriers s'éle-
vaient contre les sous-entrepreneurs, ouvriers dits *tâcherons
marchandeurs* qu'ils accusaient de les exploiter.

Ce mouvement s'annonçait comme la résultante d'agissements frustratoires durant les soixante années écoulées depuis
l'abolition des corporations et la Déclaration des droits de
l'homme.

Sous la pression de ces revendications, le Gouvernement
provisoire rendit le 2 mars 1848 le décret suivant :

Gouvernement provisoire de 1848. Décret du 2 mars 1848.

...... Sur le rapport de la Commission du Gouvernement pour les travailleurs ;
Considérant : 1° .....
2° Que l'exploitation des ouvriers par les entrepreneurs, ouvriers
dits marchandeurs ou tâcherons est essentiellement injuste, vexatoire
et contraire au principe de la fraternité, le Gouvernement provisoire
décrète :
1° .....
2° L'exploitation des ouvriers par des sous-entrepreneurs, ou marchandage, est abolie.
Il est bien entendu que les associations d'ouvriers qui n'ont pas
pour objet l'exploitation des ouvriers les uns par les autres ne sont
pas considérées comme marchandage.

Gouvernement provisoire de 1848. Arrêté du 21 mars 1848.

Mais on avait omis d'édicter une sanction quelconque sans
laquelle l'abolition du marchandage risquait de demeurer
lettre morte, le 21 du même mois intervint un arrêté du
Gouvernement destiné à combler cette lacune. Il est ainsi
conçu

Sur le rapport de la Commission du Gouvernement pour les travailleurs ;

Considérant que le décret du 2 mars qui détermine la durée du travail effectif et qui supprime l'exploitation de l'ouvrier par voie de marchandage n'est pas universellement exécuté en ce qui touche cette dernière disposition ;

Considérant que les deux dispositions contenues dans le décret précité sont d'une égale importance et doivent avoir force de loi.

Le Gouvernement provisoire, tout en réservant la question du travail à la tâche ;

Arrête :

Toute exploitation de l'ouvrier par voie de marchandage sera punie d'une amende de 50 à 100 francs pour la première fois, de 100 à 200 francs en cas de récidive, et, s'il y avait double récidive, d'un emprisonnement qui pourrait aller de un à six mois. Le produit des amendes sera destiné à secourir les invalides du travail.

Quarante années se sont encore écoulées depuis 1848 durant lesquelles cette question de *marchandage* semblait sommeiller, sans doute en raison de l'immense développement des travaux qui, en fournissant un aliment à l'activité des classes ouvrières, rendaient celles-ci de composition plus facile.

Mais depuis douze ans, et surtout à partir de 1896, la question se révèle de nouveau et avec un caractère d'acuité qu'il serait puéril de nier ou de feindre d'ignorer, et dangereux de négliger. Signalée de toutes parts, dans toutes les branches du travail, dans son action multiple, dans sa répercussion sur chaque profession intimement liée à l'existence des travailleurs des deux sexes, elle s'impose aujourd'hui au premier rang des questions sociales.

Or si l'arrêt de la Cour suprême a fixé la jurisprudence pour le jugement des questions de *marchandage*, il n'a point converti l'opinion publique, abstraction faite de ceux qui vivent de l'abus.

L'administration de la ville de Paris a interdit formellement le *marchandage*.

Le marchandage et la Ville de Paris.

Art. 14 du cahier des charges générales des travaux d'architecture de la ville de Paris : ...... L'emploi de sous-entrepreneurs, tâcherons ou marchandeurs est formellement interdit. Les ouvriers employés aux travaux de la ville de Paris devront être occupés pour le compte direct des adjudicataires sans aucun intermédiaire.

L'État, dans ses chantiers, le proscrit également.

La répulsion qu'inspire *le marchandage*, ne fait que croître parmi les ouvriers, et ce sentiment est légitime, car si l'on a pu grammaticalement établir une distinction entre ces mots : *marchandage*, et *exploitation*, nous avons montré par l'exposé technique des pratiques en usage dans les chantiers des travaux du bâtiment que *le marchandage* est en lui-même *l'exploitation de l'ouvrier*, qu'il est de son essence de l'être, qu'il ne peut pas ne pas l'être.

J'ai vu les choses dont je parle ;
J'ai entendu les plaintes que je redis ;
J'ai constaté les faits que je dévoile.

La sourde irritation dont cet abus est la cause se propage et tend à poser en antagonistes irréconciliables, d'une part, les éléments directeur et fécondant de *l'Œuvre, l'Intelligence et Capital*, et, d'autre part, *le Travail*.

C'est là un état d'esprit des plus graves et qui ne saurait être méconnu sans danger.

Conclusions. En résumé, je crois avoir établi :

1° Que si l'on est obligé d'admettre que si le principe économique moderne, la *division du travail* doit prévaloir, ce principe doit pouvoir s'appliquer et produire toutes ses conséquences utiles sans l'emploi *du marchandage*.

Que la *division du travail* n'implique en aucune manière *le marchandage*.

2° Que *le marchandage* est *l'exploitation de l'ouvrier*, en ce qu'il consiste de la part du sous-traitant à tirer *un profit abusif* de ceux qu'il emploie.

Que les mots *marchandage* et *exploitation*, bien que grammaticalement différents, s'appliquent par la force des choses dans la pratique du métier à un acte unique.

Que *le marchandage*, dans l'usage actuel, ne peut pas s'opérer sans qu'il y ait *abus*, qu'il ne peut pas ne pas être *l'exploitation de l'ouvrier* caractérisant *une pratique industrielle déloyale*.

Que l'acte *de marchandage* présente la réunion de ces trois éléments :

Un fait matériel ;
L'intention de nuire ;
Un préjudice causé aux ouvriers ;

Que conséquemment *le marchandage est un délit*.

3° Que les décrets des 2 et 21 mars 1848 doivent être pris dans leur sens littéral, lequel est :

..... d'interdire l'embauchage de l'ouvrier par un tâcheron.

Cette étude a été conçue dans un esprit d'équité et inspirée par cette conviction : que le respect de la loi ne commande point la résignation aux abus qu'elle couvre, la soumission aux iniquités que l'on commet en son nom.

Sans me leurrer du vain espoir que ma voix aura le souffle assez puissant pour détruire immédiatement une pratique où tant de gens prospèrent, au regard des masses qu'elle tue, je considère simplement que ma qualité d'architecte me confère le droit et m'impose le devoir de montrer cette pratique dépouillée des parures humanitaires dont on l'affuble, et de la flétrir.

Et je le fais.

Il me reste à formuler ce vœu :

Que le marchandage soit aboli par une loi.

J. DABERNAT.

Paris, 31 octobre 1902.

BAR-LE-DUC. — IMPRIMERIE CONTANT-LAGUERRE.

IMPRIMERIE
CONTANT-LAGUERRE

LVX·VITA

CL

BAR LE·DUC

www.ingramcontent.com/pod-product-compliance
Lightning Source LLC
LaVergne TN
LVHW022131080426
835511LV00007B/1106